D1620477

SALAMANCA
EN BLANCO Y NEGRO

SALAMANCA EN BLANCO Y NEGRO

Fotografías: Sebastián Alonso Pérez
Textos: Charo Ruano

Salamanca

Diseño Cubierta: Sebastián ALONSO PÉREZ

© *Fotografías*: Sebastián ALONSO PÉREZ

© *Texto*: Charo RUANO

© Para esta edición: Turismo y Comunicación de Salamanca

Turismo y Comunicación de Salamanca S.A.U.
Plaza Mayor, 32
37002 Salamanca
Télef.: 923 272 408 - Fax: 923 272 407

http://www.salamanca.es

ISBN: 84-8196-175-2
Depósito Legal: S. 806-2004

Imprime: Gráficas VARONA
Polígono "El Montalvo", parcela 49
37008 Salamanca

A pesar de la piedra... al principio fue el verbo

A pesar de la piedra, al principio fue el verbo. a pesar de la piedra arenisca, dorada, capaz de reflejar todos los soles y de absorber todas las lluvias; capaz de resistir todos los vientos y las tormentas, al principio fue el verbo, la palabra, el nombre que la llamó, que decretó que este trozo de tierra que unos consideran Castilla y otros León y que se distingue del resto sobre todo en el color, fuera por los siglos, de los siglos y por siempre Helmántike, Hermándica, Salmántica, Elmántica... y fueron Polibio, Plutarco, Tito Livio... ¿frontera?, ¿Lugar de adoración del dios Helman? Al principio fue el verbo, la palabra de Ptolomeo, su geografía que situó a la ciudad dentro de unas coordenadas, en un mapa, en un lugar, Norte, Oeste... A pesar de la piedra...

Ciudad construida por y para la belleza, por y para el saber, los saberes, varios, todos; arrogante, culta, civilizada, magnífica, despótica con los ignorantes, los iletrados. Si Sthendal la hubiera visitado, hubiera compartido con Florencia ese síndrome de la belleza excesiva, "Síndrome de Sthendal" ese virus que puede acabar matando de melancolía de nostalgia ante lo inaccesible de la perfección ¿Cuánto puede doler la belleza? La perfección en la estructura, en la forma, en el color, la perfección como forma elegida, para ser, para estar, la perfección que como bien sabían los griegos no suele estar lejos de la aberración, de los defectos y vicios más escondidos, pero ¿Quién se resiste ante tanta belleza?

En la ciudad los inviernos son largos y rigurosos. Un frío seco recorre las calles y encoge la piel cuando el sol está más claro, más alto y el cielo más azul; pero hay mañanas que amanecen con la niebla bañando una ciudad fantasma que deja entrever cúpulas, torres, fachadas; niebla que sucumbe a lo largo del día ante la belleza, para refugiarse en el Tormes, descansar y tomar aliento hasta la siguiente aparición.

Al principio fue el verbo, y cuando el verbo, la palabra se refugiaron en las catedrales, en los conventos, monasterios, un rey inteligente dotó a la ciudad de la que habría de ser su seña de identidad más fiel: la Universidad, allá a principios del s. XIII; poco después otro rey "El Sabio" le concedió los estatutos, "La carta Magna del estudio" y por fin un Papa, Alejandro IV le dio la llamada "Bula de Confirmación" lo que la convertiría para siempre en uno de los cuatro Estudios Generales del Orbe junto a París, Oxford y Bolonia, lo que significaba que sus licenciados podían enseñar en cualquier parte del mundo sin realizar ningún examen.

La ciudad tiene dos cielos, el natural, el que le da la situación, el tiempo, el sol, la luna, las estaciones, ese cielo azul, rosa, rojo, verde... de todos los veranos, otoños, inviernos... y tiene el cielo propio, pintado para ella, el cielo de Fernando Gallego bajo el que se paseó Calderón y tantos otros un cielo con estrellas y estaciones únicas que es otra de las señas de identidad de la ciudad.

Llegó de Burgos era pleno siglo XVI, era ciego. Estudió música, órgano,
humanidades, una larga formación en Italia y Catedrático de Música de
Estudio en Salamanca: "El abad Salinas, el ciego, el más docto varón en
música especulativa que ha conocido la antigüedad" dijo de él Espinel,
uno de sus privilegiados discípulos, su nombre quedó ya para siempre unido a
la ciudad en una sinfonía perfecta que simboliza la eternidad de la música.

Y él, que llegó después para licenciarse en Teología y que enseñó y escribió
y tradujo "El Cantar de los cantares" y escribió una "Oda" al músico,
al ciego que hizo suya la música y la ciudad; fue detenido, cuando ya era
parte de la Universidad, cuando ya la ciudad había tomado posesión de sus
pisadas, de sus versos, de sus lecciones; Fray Luis, vigía de la Universidad,
de sus claustros, de sus patios, de todo el conocimiento que se supone que se
alberga tras la fachada donde tres calaveras y una rana hacen burla del saber,
de tanta seriedad, de tanta honestidad, "...decíamos ayer" Al principio
fue el verbo.

Hace siglos, un hombre llegó a la ciudad y la ciudad lo acogió bien cuando
expuso sus ideas visionarias sobre unas tierras lejanas, él las llamó
"Las Indias"; teorías que quedaron para siempre en la ciudad, en el
Convento de San Esteban... ya Nebrija, el buen Nebrija había escrito en el
prólogo-dedicatoria de su grandiosa "Gramática castellana" impresa en
Salamanca en 1492 que éramos depositarios de una lengua que un día
uniría gentes, pueblos, raíces, imperios.

Cuantos hombres formados en la ciudad llegaron a aquellas "Indias" ficticias: América. Colón, Hernán Cortés, como nombres y hombres clave; descubridores, colonizadores, Virreyes, Magistrados, misioneros, evangelizadores... ocupan un lugar en la historia de ese otro continente, donde el nombre de la ciudad dorada es "casi sagrado" y se pronuncia con un respeto extremo; la ciudad sigue acogiendo a hombres, estudiantes, hermanos, cátedras de literatura hispanoamericana, institutos, academias, y tantos latinoamericanos por estas calles que un día pisaron Colón y Hernán Cortés y tantos, tantos hombres que decidieron cruzar los mares.

Siete universidades en el siglo XVI, once en el XVII, todas hijas, herederas, hermanas de la Universidad de Salamanca: Santo Domingo, Lima, México... centros de estudio y de saber que se regirán por los Estatutos de la primera, cuna de defensores de los derechos de los indios, pobladores nativos que los teólogos salmantinos iniciaron.

Y un nombre que lo aúna todos: Francisco de Vitoria; su cátedra de teología fue el referente más importante de la cristiandad, sus discípulos considerados los mejor formados y desde el Rey hasta el Consejo de Indias, obispos, misioneros... piden ayuda y consejo ¿Qué derecho tenemos sobre los indios, cual es la validez de nuestras leyes aquí? "Nuestras leyes no son válidas ya que los indios no las conocen" respuesta clara de Francisco Vitoria que negó al Emperador, al Papa, a los gobernantes, cualquier derecho sobre los nativos, principio inequívoco de igualdad entre los hombres, al principio fue el verbo.

Otros antes, habían renegado de una ciudad, de una Universidad que les cerró las puertas después de utilizar sus saberes o a pesar de utilizarlos. ¡Qué dolor! el de Nebrija al abandonar la ciudad a la que llegó entusiasmado porque aquí si se enseñaba su gramática, de nada le sirvió... Ni el polvo del camino de las calles de esta ciudad quiso que quedara en sus zapatos, nada de un lugar que tampoco le había reconocido.

Fue la última vez que se usó el luto blanco en Castilla. Fue el dolor hondo, desgarrador por la muerte del hijo, del heredero, del "doncel" el último hijo varón de Isabel y Fernando, 19 años, ¿quién sabe que criterios sigue la muerte? con su desaparición accedió al poder una nueva dinastía... Cuantos muertos "ajenos" acoge esta tierra, hombres que llegaron a ella, felices o desesperados, que la eligieron o se la impusieron para vivir, y con el tiempo se hicieron un hueco, y fueron fieles y leales hasta la muerte; tal vez por eso la ciudad los alberga y guarda su memoria con infinita ternura, esa ternura que a menudo niega a los vivos, no se puede olvidar que aquí reside con carta de ciudadanía indiscutible y como uno de los monumentos más emblemáticos La Casa de las Muertes.

Vigilan el Tormes, vigilan desde cada ángulo, desde la entrada del viejo puente romano, que nadie entre o salga de la ciudad sin que se enteren, que nadie cruce hacia los arrabales, sin su permiso, ajenos a los mil camino nuevos que la ciudad ha abierto alrededor; Lázaro te fijas bien?, escuchas? miras?, ves?, aprendes? ...

Quince arcos a mano derecha, son los auténticos los del siglo I, puente de Trajano, que atraviesa el Tormes, que aguanta batallas, y duelos, trasiego de hombres y bestias y parejas de enamorados. Puente construido piedra a piedra con la consistencia y la constancia que sólo utilizaban los romanos; símbolo de una ciudad que siempre ha vivido ajena a sus puentes a lo que representan, a lo que sostienen, a lo que importan. Once arcos del siglo XVII y antaño una pequeña capilla que fue destruida por los franceses. A pesar de todo se hizo un hueco en el escudo de la ciudad dorada.

El azul, el color azul se extraía del lapislázuli y era tan caro y tan especial que se empleaba en contadas ocasiones y de Lapislázuli para que quedará claro lo que vale es el Sagrario de la Purísima, la iglesia barroca, absolutamente italiana en cuyo retablo se conjugan mármoles de distintos colores también italianos; todo en esta iglesia es italiano y sin embargo salmantino, porque pocas iglesias consideran los habitantes de la ciudad tan suya, y en especial esa Piedad de Ribera, "el Españoleto", el pintor atormentado, capaz de las más grandes iniquidades y de los más bellos rostros, de la más perfecta pintura.

José Ribera "El Españoleto", valenciano, marchó muy joven a Italia, de pincel inmaculado y pésimo carácter, fiel al arte de Caravaggio, pintó en 1635 para el virrey de Monterrey la preciosa "Inmaculada" para las Agustinas Recoletas; dicen que es el rostro de su hija, el que pinto tanto en esta imagen como en la "Magdalena" que se conserva en el Prado. Salamanca nunca le estará suficientemente agradecida.

A pesar de la piedra, al principio fue el verbo. Y si hubo un verbo en esta ciudad de piedra, un verbo que se escuchara, que se elevara, que cautivara, que sublevara, un verbo que aún se escucha cuando se observa con detenimiento su figura de la mano de Pablo Serrano, fue el verbo, la palabra de Don Miguel de Unamuno. El hombre que llegó del norte a la ciudad para hacerse uno con ella; lo que no había conseguido en Madrid, ni en su tierra Vizcaya, lo consiguió en Salamanca, tal vez mucho más de lo que ni siquiera se había planteado. Las piedras de Salamanca no han tenido mejor interlocutor, nadie les ha hablado ni las ha escuchado como él; cuarenta años de convivencia, que sacaron a la pobre ciudad de provincias de su provincianismo, para elevarla a la primera fila del pensamiento, del rigor, del quehacer universitario. Aquí encontró Unamuno paz y sosiego y también el aguijón, el acicate para hablar, pensar, decir y siempre volver a esos atardeceres, a esas soledades que nunca pudo intuir desde su tierra. Rector, "Sumo Sacerdote" del saber, de la lealtad, la justicia, murió justo a tiempo para no ver a la ciudad amada bajo las botas de los que se atrevieron a gritar en su presencia "Muera la inteligencia". Todas las ciudades tienen sus leyendas negras Unamuno quiso evitarnos la nuestra, no se lo permitieron y decidió morirse, no quiso ver amanecer el 37, cuando las botas pisaban más fuerte, más firmes.

Carmen se fue pronto, pero siempre regresaba, a su plaza, a su ribera del Tormes, a su Puente romano; conocedora de la frialdad de sus paisanos y de su ciudad, los añoraba cuando más lejos estaba y presumía de señorita salmantina y se enfadaba en cualquiera de los cafés que frecuentaba a su vuelta, quizá también por su morriña medio gallega; pero ella y Aldecoa trajeron una madrugada a todo el grupo de amigos: Ferlosio, Matute, Fernández Santos, Medardo Fraile, Azcona... a ver amanecer a Salamanca y "llegamos por la carretera de Madrid y eran casi las siete de la mañana y el sol se elevaba y toda la ciudad parecía envuelta en oro" contó muchos años después Ana Mª Matute que nunca olvidó aquel amanecer. Carmen sabía que la piedra de esta ciudad y el sol nunca la dejarían en mal lugar y se lo dijo a todo el mundo.

Y muy pronto a los 30 años, por razones ajenas a su voluntad, abandonó la ciudad Luciano González Egido, dicen que él escribe y escribirá la "gran novela de Salamanca"; un alejamiento, una distancia que con los años se convirtieron en proximidad, en amor sin límites hacia la ciudad que lo vio nacer y que él conoce como pocos; una ciudad que lo acoge con calidez en cada visita. La ciudad, su esencia, se hizo hueco en el imaginario del escritor que en cada línea, en cada texto, en cada libro, vuelve siempre a su universo principal: Salamanca. Desde aquellos primeros e indispensables libros sobre Unamuno, hasta El Cuarzo rojo, la cueva, El corazón inmóvil... "La cultura principal es la letra". Al principio fue el verbo.

Las tierras en esta zona son amplias, llanas, extensas, semejantes en su lejanía, allá donde se pierde el horizonte, al mar, un mar tranquilo, de colores cambiantes e imposibles; aquí los atardeceres son rojos, rosas, amarillos, ocres, malvas, azules, nadie que no los haya visto puede siquiera imaginarlos y quien los ha visto. no los olvidará fácilmente.

Eligió Salamanca porque estaba a la distancia justa de Madrid, porque en su Universidad podrían estudiar sus hijos, por el clima, penso seguramente que sería una más de sus ciudades de paso, fantasmas, Villanuevas, Castrofortes... ¿Quién sabe donde pone pie a tierra un marinero de vocación? y se quedó. Vivió aquí más años que en ninguna otra parte, aquí crecieron sus hijos, de aquí salieron muchas de sus obras y también aquí le llegaron muchos de sus premios, aunque sólo traspasar el umbral de su casa sabías que estabas en Galicia, porque Galicia nunca abandonó a Torrente y Torrente nunca se desprendió de Galicia, ni cuando cruzó el océano para sobrevivir en la próspera Norteamerica, no, no era morriña, él estaba bien aquí, aunque nos veía raros, con poca imaginación, un poco secos, le dejábamos vivir en paz y nos los agradeció de todas las formas posibles, cuanta fue su generosidad con la ciudad; a pesar de la piedra... al principio fue el verbo.

La gente vive ajena a la belleza, o no, tal vez acostumbrada, si no te acostumbras la belleza en tales dosis es un veneno mortal; la gente sigue con su vida, sus paseos, sus trabajos, sus preocupaciones; barrios marginales donde no hay piedras doradas, ni verbos floridos, solo ladrillos, los necesarios para sostener la casa y el verbo justo para salir adelante; esto también es Helmántica, arrabales, zonas del otro lado, de la otra orilla, marginales, la mirada demasiado ocupada para descubrir oros ocultos cuando el sol se pone tras las catedrales.

Cuantas monjas, orando por nuestras pobres almas, intoxicadas de vida,
de belleza, de pecado; cuantas monjas tras las celosías de las Claras,
las Agustinas, las Dominicas... haciendo puntillas, encaje, oraciones, dulces,
que abren temerosas la puerta para que el extraño se adentre en la penumbra
de otra pequeña iglesia, de otro claustro, de un museo que casi no existe y
respire por unos minutos la paz, el sosiego que se le ofrece al peregrino,
al pecador, al hombre que camina buscando quién sabe qué, a pesar de la
piedra, a pesar de la palabra, al principio, el silencio.

Durmió en Salamanca la noche de Todos los santos, la Santa andariega,
en el antiguo palacio de los Ovalle; la compañera María Sacramento
aterrada "Doblan a muerto"; la Santa reía, temer a los muertos ¡válgame dios!
Sintieron el viento que llegaba del Tormes que tal vez azuzado por el ciego y
Lázaro no muy "católicos" quería amedrentarlas, no sabían el poder de la
palabra, del espíritu de Teresa.

Tente necio, detente necio, quieto, Juan de Sahagún con su verbo
imperativo parando en seco a un toro que pretendía subir o bajar por una
calle imposible, que tal vez y por un milagro se sostiene cerca de la catedral;
palabras de un hombre que con ellas también subió las aguas de un pozo,
según cuenta la leyenda, para que no se ahogara un niño, palabras y amores
ajenos que dicen que le costaron la vida.

Calderón, Cervantes, Lope, Espronceda... Fray Luis, Unamuno, ...a pesar de la piedra. Cuántos poetas, escritores, maestros de los más antiguos y modernos saberes han pasado por esta ciudad, han cruzado sus puentes, han paseado por sus calles, han dormido en sus fondas; estudiantes y pobres, literatos igualmente pobres, grandes en su orfandad de casi todos los recursos, ajenos a la palabra, a la pluma, a la tinta. Ciudad que atrapa, que envuelve, que devora a sus mejores hijos, cual Saturno expectante cuando alcancen la gloria, será el final y el final llegó, no tuvieron tiempo de abandonarla, o no quisieron o no pudieron; aquí tenían sus raíces y la ciudad arrogante no consintió que las movieran; la ciudad que tanto quisieron Anibal Nuñez, Manuel Díaz Luis, Juan Navarro, José Nuñez Larraz, Santiago Varrón y tantos otros... el poder de la piedra.

Uno de los verbos más famosos de su tiempo y de todos los tiempos. París, vaticinios, fama, matemáticas, revolución, Don Diego de Torres Villarroel fue uno de los hombres más famosos de aquella España del siglo XVIII y fue el que adquirió "los libros redondos" las esferas terrestres que habitan en la biblioteca de la Universidad, al principio cuando casi nadie lo creía, fue el verbo.

Colegios, Mayores y Menores, Seminarios, Residencias, ciudad volcada en los que estudian y rondan y se divierten y se pierden y encuentran los primeros amores; Anaya, San Bartolomé, Fonseca, Oviedo, Irlandeses, San Pelayo, Pan y carbón... Colegios para pobres y para ricos, para nacionales y para extranjeros, donde refugiarse, donde ahogarse, donde esconderse, donde aprender, o no. Colegios y uniformes y colores para distinguirse como si fuesen frailes o novicios de una orden a punto de profesar o secularizarse, el verbo.

Figueroa, Fonseca, Anaya, Orellana, Abarca Maldonado, Solís, Sotomayor, Garci-Grande , Torre del aire, Monterrey, Montellano, Acevedo... palacios, privilegios, tiempos de corte y de conquista, palacios rigurosos y necesarios cuando los nobles con título de tales eran tantos; renacentistas, platerescos, góticos, mezclados, ¿Tal vez antes de la piedra y del verbo, fue la espada?

Casi asomado al Tormes, muy cerca del puente de Sánchez Fabrés, en la vaguada de la Palma, calles hasta hace poco de mal vivir, de mala fama y de mala nota y de malas o buenas compañías; en piedra de Villamayor, imitando la ligereza de una tarta de hojaldre, por la que el aire pueda circular sin que nada se caiga, el falso y frágil equilibrio de la obra hecha a conciencia. Y es que Navarro Baldeweg es además de un extraordinario arquitecto, un artista; reciente, el Palacio de congresos y exposiciones de Castilla y León sólo tiene diez años y es ya un clásico de la ciudad: nunca le hemos agradecido a Navarro Baldeweg que pusiera ligereza, aire, en la piedra que tanto amamos, aunque él nos lo ha explicado. Es un arquitecto, un artista de verbo espléndido.

Y tan nuevo el Puente de la Universidad, de la mano de otro famoso y buen arquitecto Fernández Ordoñez; el más moderno, el que conecta definitivamente el Campus, las "hordas universitarias" con la otra orilla del Tormes, Salas Bajas, la parte más desconocida por los que habitan en la ciudad cerrada a cal y canto a sus puentes, a su río, a sus márgenes; ciudad que ignora barrios y arrabales, para sumergirse en el dorado dulzor del mediodía, en la Plaza, que es el único espacio que no hace distinciones entre los de esta y aquella orilla.

Afluente del Duero, la leyenda le atribuye a sus aguas hoy quietas, calmas, desbordamientos, crecidas, inundaciones; discurre por la ciudad ajena a ella, tal vez cansado de los desprecios y desplantes de quien siempre lo ha ignorado, ha vivido de espaldas a él. Lázaro lo vigila o vigila tal vez a quien lo cruza, no vayan a hacerle daño a la bella, sólo cuando hay luna llena la ciudad se pasea por sus aguas, se mira en ellas, cual Narciso para retocar un poco más su hermosura, para deleitarse en ella y el viajero que llega y se asoma al Puente de Enrique Estevan queda hechizado para siempre.

A pesar de la piedra
al principio fue el verbo

A pesar de la niebla
Y de todos los soles
Y de todas las tierras
que conforman su aliento
A pesar del dorado
de cúpulas, fachadas
catedrales y torres
medallones, conventos

A pesar de la luz
que la torna preciosa
cual metal irisado
y pleno de reflejos
A pesar de las sombras
y de la luna llena
que dibuja su entorno
en el Tormes tan quieto

A pesar del engaste
de una joya y de otra
cual anillo labrado
en torno a un nombre viejo

de cristiana remota
con ancestros romanos
y griegos y judíos
pasados al medievo

A pesar de la piedra
que lo embellece todo
viva, feliz, avara
a pesar de los vientos
que cruzaron veloces
un mar que nunca tuvo
el poder y la gloria
el saber de otros tiempos

La viveza de Lázaro
las miserias del ciego
Melibea y Calixto
Celestina y el fuego

A pesar de la piedra
Al principio fue el verbo

SALAMANCA
EN BLANCO Y NEGRO

Fotografías

Desde el arrabal del Puente Romano

Claustro de las Dueñas

Torre del Clavero

Palacio de Orellana

Puente Romano

Puente Romano

Calle de La Compañía

Calle de Serranos

Palacio de Monterrey

Torre del Gallo

Desde el Puente Nuevo o de Enrique Estevan

Plaza Mayor

Catedral Vieja

Catedral Nueva

Calavera y Rana (Universidad)

Astronauta (Catedral Nueva)   Masturbación (Patio de Escuelas)

Calle Asaderías

San Esteban, Plaza Concilio de Trento

Claustro de Anayita

Iglesia del Carmen de Abajo

En la Plaza de los Bandos

Semana Santa

El Mariquelo

Mercado Medieval

Mercado Medieval

Fútbol en el Arrabal

La Glorieta

Publicidad

En el Convento de San Millán (Libreros)

Vida cotidiana. El trabajo

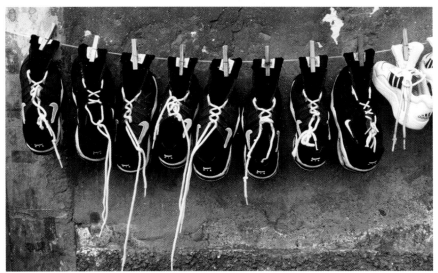

El Barrio

Toro de Piedra

La Dehesa

En el camino

Aldeatejada

Cardos y girasoles

Arroyo del Zurguén

Los Montalvos

Río Tormes

La Chopera

Río Tormes

Puente Nuevo o de Enrique Estevan

Parque Fluvial

La Armuña

Los Montalvos

Plaza de la Libertad

Parque de la Alamedilla

Portales de San Antonio

Escaleras de San Antonio

Calle Tostado

Calle Traviesa

Calle Meléndez

Pozo Amarillo

Iglesia de San Sebastián

Plaza de Anaya

Bosque Ibarrcla y otros

Casa Lis

Catedrales desde el Puente Romano

Calle de Cervantes

Calle de Serranos

Plaza Mayor

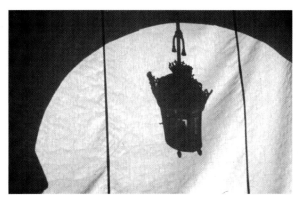

Plaza Mayor

Toro o verraco de Piedra y Puente Romano

Plaza del Concilio de Trento

Plaza de Carvajal

Iglesia de La Purísima desde el Campo
de San Francisco

Libreros-Veracruz

Calle Tentenecio

Panorámica desde "El Barquero"

Iglesia de Santiago

Puente Romano

Molino de la Pesquera

Plaza de Anaya

Puente Romano

Convento de San MIllán

Convento de Las Dueñas

Plaza de San Isidro

Plaza Mayor

Terraza Plaza Mayor

Peñuelas de San Blas

Auditorio de San Blas

Calle Luis H. Contreras

Miguel de Unamuno

Clerecía

Plaza de Anaya

Maestro Salinas. Rúa Antigua

Arrabal

Iglesia del Arrabal

Cerro de San Vicente

Desde las Salas Bajas

Tejados

Palacio de Congresos y Vaguada de la Palma

Calle Palominos

En la Plaza de Colón

Desde el Colegio de Los Irlandeses

Crucero en la Puerta de Aníbal

Iglesia de San Benito

Casa de la Tierra. Plaza de Sexmeros

El Doncel Don Juan

Fray Luis de León

Padre Cámara

Rodín en Patio de Escuelas

En la Rúa

Arco de Poeta Iglesias

Mesón

Calle Bordadores

Casa de Las Conchas

San Esteban

Palacio de La Salina

En el Patio de Escuelas Menores

Patio de Escuelas Menores

Fonda Veracruz

Arco de la Ermita de San Gregorio

Huerto de Calixto y Melibea

Medallón en el Patio Chico

Plaza de Poeta Iglesias

El Corrillo

San Juan de la Cruz

Puerta de San Pablo

Puente Nuevo

Lazarillo de Tormes

Palacio de Anaya

Universidad de Salamanca

Plaza Mayor

Desde la Vaguada

Anocheceres

Sobre la niebla